FÊTE

DE LA

SOUVERAINETÉ DU PEUPLE.

ARRÊTÉ

DU DIRECTOIRE EXÉCUTIF,

CONCERNANT la Célébration de la Fête de la Souveraineté du Peuple.

Du 23 Pluviôse, an 7 de la République une et indivisible.

LE DIRECTOIRE EXÉCUTIF, conformément à la loi du 13 pluviôse an VI,

ARRÊTE ce qui suit :

ART. I.er La fête de *la Souveraineté du Peuple* sera célébrée, le 30 ventôse prochain, dans toutes les communes de la République ; elle sera annoncée, la veille et le matin de ce jour, par des salves d'artillerie.

II. Les cérémonies s'exécuteront dans les *temples décadaires*.

III. Les temples seront décorés de figures emblématiques représentant *la Souveraineté* et *le Peuple* ; la figure de la Souveraineté sera debout ; celle du Peuple assise, et couronnée de chêne et de laurier.

A leurs pieds sera enchaîné le Despotisme.

IV. Des inscriptions couvriront les murs des temples ; on y lira :

La souveraineté réside essentiellement dans l'universalité des citoyens. (Art. 17 des Droits de l'homme et du citoyen.)

L'universalité des citoyens français est le Souverain. (Art. 2 du Code constitutionnel.)

Nul individu, nulle réunion partielle de citoyens ne peut s'attribuer la souveraineté. (Art. 18 de la Déclaration des droits.)

Nul ne peut, sans une délégation légale, exercer aucune

autorité ni remplir aucune fonction publique. (Art. 19 de la Déclaration des droits de l'homme et du citoyen.)

Les Citoyens se rappelleront sans cesse que c'est de la sagesse des choix dans les assemblées primaires et électorales, que dépendent principalement la durée, la conservation et la prospérité de la République. (Art. 376 de la Constitution.)

V. A dix heures du matin, les administrateurs municipaux et les autres fonctionnaires, suivis de groupes représentant l'Agriculture, l'Industrie, le Commerce, les Arts et les Sciences, figurés par des cultivateurs, des ouvriers, des négocians, des artistes et des hommes de lettres, munis chacun des attributs de leur profession, sortiront de la maison commune en ordre, et précédés d'un corps de musique.

Au centre de ces groupes seront portées avec pompe les tables de la Constitution.

Des détachemens de la garde nationale protégeront le cortége. Des appariteurs portant des faisceaux, marcheront devant les autorités.

VI. Le cortége se rendra au temple décadaire. Les groupes entoureront la figure de la Souveraineté du Peuple, et les appariteurs tiendront leurs faisceaux abaissés devant elle.

VII. La musique exécutera des airs patriotiques. Le plus âgé des vieillards du cortége se levera, et adressera aux magistrats la formule suivante :

« La souveraineté du peuple est inaliénable. Comme il ne peut
» exercer par lui-même tous les droits qui en découlent, il dé-
» lègue une partie de sa puissance à des législateurs et à des
» magistrats choisis par lui-même ou par des électeurs qu'il a
» nommés. C'est pour se pénétrer de l'importance des ces choix
» que le peuple se rassemble aujourd'hui. »

Le principal fonctionnaire public dans l'ordre constitutionnel, présent à la cérémonie, répondra par ces mots :

« Le peuple a su par son courage reconquérir ses droits trop
» long-temps méconnus ; il saura les conserver par l'usage qu'il
» en fera ; il se souviendra de ce précepte qu'il a lui-même con-
» sacré par sa charte constitutionnelle, que c'est de la sagesse
» des choix dans les assemblées primaires et électorales, que
» dépendent principalement la durée, la conservation et la
» prospérité de la République. »

La musique fera entendre de nouveaux chants.

VIII. Le principal fonctionnaire public montera à la tribune, et lira la proclamation du Directoire exécutif relative aux élections.

Un chœur général terminera les cérémonies.

IX. Les appariteurs relèveront leurs faisceaux, et iront se ranger près des magistrats.

Le cortége retournera à la maison commune dans l'ordre établi pour la première marche.

X. L'après-midi sera consacré aux courses, luttes, danses, ou à d'autres exercices et jeux.

Le soir, les théâtres doivent retentir de chants patriotiques, et n'offrir que des spectacles propres à inspirer l'horreur du royalisme et de l'anarchie, ces deux éternels ennemis de la souveraineté du peuple.

XI. Dans les communes où il serait absolument impossible de remplir toutes les dispositions de cet arrêté, les administrations sont chargées d'adopter, pour la célébration de cette importante solennité, les mesures qui se rapprocheront le plus de celles indiquées par le Directoire.

XII. Le ministre de l'intérieur est chargé de l'exécution du présent arrêté, qui sera imprimé au Bulletin des lois.

Pour expédition conforme, *signé* L. M. REVELLIÈRE-LÉPEAUX, *président*; par le Directoire exécutif, *le secrétaire général*, LAGARDE.

PROCLAMATION DU DIRECTOIRE EXÉCUTIF,

Sur les Élections de l'an VII.

Du 23 Pluviôse.

CITOYENS,

UNE fête solennelle rappelle et consacre la souveraineté du peuple.

L'époque à laquelle cette fête est liée, en annonce le but politique.

Citoyens, à la veille d'exercer un des actes les plus importans de la souveraineté, vous vous pénétrerez des principes tutélaires et conservateurs qui doivent diriger vos choix.

Vous tenez dans vos mains vos propres destinées et celles de la République. Le vaisseau de l'Etat a été trop long-temps battu de la tempête et poussé sur les écueils ; il est enfin rentré dans le port : ce port, c'est *la Constitution de l'an III*.

Hâtez, vous le pouvez, l'époque où les ennemis de la République française, vaincus par son génie, accablés de ses succès, cédant au courage et à la magnanimité, abjureront leurs projets insensés, et chercheront à éteindre les torches du vaste embrasement qu'ils ont allumé dans l'Europe.

Une seule espérance leur reste : ils se sont flattés de ranimer des divisions intestines, de reporter au timon des affaires les chefs des partis que leurs intrigues gouvernent, de conduire par le mépris des lois aux excès, par les excès à la dissolution du corps social ; enfin d'infuser, pour ainsi dire, dans la liberté, le poison qui doit lui donner la mort ; de renverser tous les principes, de pervertir toutes les notions, et de faire regarder alors comme les résultats de l'ordre constitutionnel et du système républicain, les maux et les désordres qu'une perfidie active et désorganisatrice aurait produits.

Telles sont les vues de l'étranger, celles du royalisme et de l'anarchie : elles ont été à découvert dans les élections des dernières années ; l'union et l'énergie du Corps législatif et du Directoire exécutif déjouèrent ces vastes complots.

Instruits par l'expérience du passé, c'est à vous, citoyens, qu'il appartient aujourd'hui d'éviter ces nouveaux pièges ; c'est à vous de veiller sur vos propres intérêts. Dans le danger extrême, lorsque le salut de la République était la suprême loi, les autorités tutélaires ont dû agir en votre nom, et faire ce que vous-mêmes auriez fait pour la conservation de vos lois fondamentales, de ces saintes lois dont le dépôt était spécialement remis à leur fidélité et à leur vigilance. Aujourd'hui c'est encore un devoir pour les magistrats appelés à la direction générale des affaires publiques, de porter la lumière devant vos pas, de vous rappeler qu'il s'agit d'assurer par de bons choix l'affermissement de la République, votre bonheur et celui de vos enfans.

Il ne vous est plus permis de sacrifier vos destinées, et de les laisser errer à la merci d'un petit nombre de factieux. Ne jugez point cependant des hommes sur des dénominations vagues que la fureur et la démence des partis promènent tour-à-tour sur toutes les têtes ; jugez-les par leurs propres discours, et sur-tout par leurs actions. Que l'expérience de dix années de révolution soit votre flambeau. Ceux qui ont supporté avec un courageux dévouement les sacrifices qu'a nécessités le passage de l'ancien ordre de choses au nouveau ; ceux qui ont immolé à la cause sacrée de la liberté, leurs biens, leur intérêt personnel, leurs ressentimens particuliers, leur réputation même; ceux qui, dans leur modeste obscurité, loin de briguer les emplois publics, s'étonneraient qu'on les y appelât, et les accepteraient par amour de l'humanité et non par ambition; cette classe républicaine d'hommes éclairés et vertueux, qui s'est toujours tenue à l'écart des partis, ou qui les a traversés sans mériter de reproches; celui, en un mot, qui a prouvé par des vertus domestiques qu'il aurait des vertus publiques, par son désintéressement privé qu'il serait administrateur intègre, par l'emploi de ses talens et de son courage qu'il serait également éloigné de ce refroidissement apathique et de cette exagération sulfureuse dont le poison lent ou actif finit par dévorer la chose publique: l'homme de bien enfin, voilà l'objet vers lequel doit se diriger votre choix.

Si votre choix s'égare, soit par apathie, soit par pusillanimité, soit par des suggestions perfides, soit par l'effet des passions, alors ces grandes calamités publiques et particulières sur lesquelles tous les vrais amis de la liberté ont gémi, vont de nouveau retomber sur vos têtes, et dévorer vos biens, vos personnes et la République. Ces monstres vont s'animer; ils vont prendre un corps et s'élancer sur vous: ils sont nés autrefois de votre isolement, de votre négligence dans les choix; aujourd'hui ces mêmes choix pourraient leur redonner une existence funeste et déplorable.

Non, le passé sera la leçon du présent.

Vainqueurs de l'Europe conjurée, Français, il ne vous reste plus à vaincre que les ennemis de l'intérieur.

Ils sont là, et il suffit de vous les avoir signalés. Eh, que de gloire et de bonheur sont attachés à la sagesse des choix! Voyez se fermer les plaies de la République: la confiance renaître; l'agriculture et tous ses produits embellir ce sol fortuné et couvert de tous les présens de l'abondance; le commerce, non point ce fantôme imposteur qui a pris son nom pour ne présenter que des illusions délirantes, non point cet horrible agiotage qui a desséché les sources de la prospérité publique, mais le commerce régénéré, et rouvrant tous les canaux de l'industrie, présentant à tous des moyens faciles de fortune et de bonheur, amenant à sa suite le luxe pacifique des beaux-arts et tous ces brillans élémens de la splendeur des empires. Voyez l'amour et les bienfaits de l'ordre rapprocher et unir tous les citoyens, des députés fidèles et éclairés les couvrir de l'égide des lois, un gouvernement ferme et calme comprimer de toutes parts la malveillance, et faire rentrer dans le néant les systèmes désorganisateurs, ces fléaux des sociétés bien constituées.

Voyez vos ennemis extérieurs eux-mêmes, désarmés par votre sagesse, après avoir été vaincus par votre valeur. La meilleure manière de les forcer à la paix, c'est de faire de bons choix. Entendez enfin la voix des générations et de la postérité, qui diront en bénissant votre mémoire : « Pendant neuf années » d'orage et de révolutions, le peuple français avait donné à » l'Europe le spectacle du courage et de l'héroïsme, il ne lui » restait plus qu'à donner l'exemple des vertus civiles : elles » sont nées des élections de l'an sept de la République. Il avait » assuré sa gloire; alors il assura son bonheur ».

Pour expédition conforme, *signé* L. M. REVELLIÈRE-LÉPEAUX, *président;* par le Directoire exécutif, *le secrétaire général,* LAGARDE.

Certifié conforme :

Le Ministre de la Justice,

LAMBRECHS.

COPIE de la lettre du Ministre de l'Intérieur.

Paris, le 30 Pluviôse, an 7 de la République française, une et indivisible.

LE MINISTRE de l'Intérieur,

Aux Administrations centrales et municipales de la République.

CITOYENS ADMINISTRATEURS,

L'arrêté du Directoire exécutif du 23 de ce mois fixe le mode de célébration de la Fête de la Souveraineté du Peuple. L'exécution m'en est confiée ; je la recommande à votre zèle : il vous inspirera sans doute ; et c'est de ce foyer que vous tirerez tous les moyens qui peuvent ajouter à l'éclat de cette solennité, suivant les ressources de chaque commune.

La Fête du 30 ventôse est imposante, et par son objet, et par l'époque à laquelle elle se rapporte.

De là le caractère grave et religieux de cette Fête. Que les citoyens s'y pénètrent du sentiment de leur dignité, et de l'étendue des devoirs que leur impose l'exercice prochain du plus auguste de leurs droits. Ce sentiment doit se manifester dans l'ordre de la pompe, dans la marche du cortège, dans la tenue décente et grave des acteurs et des spectateurs, dans le choix des images et des allégories, dans les chants et les hymnes, dans les cérémonies, dans les exercices, les jeux, etc.; de manière que toutes les parties et tous les élémens de la Fête, coordonnés entre eux et dirigés vers le but politique de cette institution, déposent dans les esprits et dans les cœurs, les impressions profondes que le Législateur s'est proposé d'y graver.

Dans les autres Fêtes, le tumulte de la joie, son trouble heureux, l'ivresse impétueuse du cœur et de l'esprit, se font peut-être remarquer davantage. Ici doit dominer le recueillement inséparable de la méditation qu'inspirent ces grands objets et leurs résultats.

Un chœur ou des chants religieux se feront entendre pendant la marche. L'ordonnance de cette pompe est remise aux talens des Artistes, à votre vigilance et à votre direction, au zèle et au respect des citoyens. Tout doit y rappeler des idées de grandeur : l'ordre qu'elle présentera, doit être, en quelque sorte, l'image instructive et parlante de celui que la société a droit d'attendre de la sagesse des élections.

L'honneur de porter les Tables de la Constitution, les Inscriptions, etc. ne sera accordé qu'aux citoyens distingués par leur dévouement et leur amour pour la République et la Constitution de l'an 3, aux hommes utiles et vertueux, aux savans, aux artistes, aux jeunes élèves qui donnent de justes espérances, aux défenseurs de la patrie.

Les Inscriptions seront tracées sur des bannières richement décorées, et élevées de manière que tous les regards et tous les esprits puissent les saisir.

Les Temples décadaires seront ornés de tout le luxe pieux et moral que peut étaler le patriotisme. Les citoyens aisés s'honoreront sans doute d'y faire porter volontairement, et sur le simple vœu que je me plais à leur exprimer, toutes les décorations ou tous les objets qui pourront ajouter à l'éclat de la solennité ou à la commodité des spectateurs, des tapis, des sièges, des tentures, des statues, des lustres, etc. etc.

Un détachement de gardes nationales et des groupes de citoyens, placés au devant des portes du Temple, s'avanceront et rendront des honneurs au cortége au moment où il paraîtra, s'écarteront devant lui et iront se placer à sa suite.

L'intention de l'arrêté du Directoire a été de faire servir les beaux-arts à l'embellissement de cette fête ; il est à désirer que les artistes puissent rendre les images ou plutôt les idées suivantes.

Au fond ou au centre du Temple sera placée la statue de la Souveraineté du Peuple, portant sur la tête l'attribut de l'immortalité, et tenant dans ses mains un cercle et le sceptre antique : elle sera debout. La statue du Peuple sera assise devant elle, couronnée de chêne et de laurier, figurée par un adolescent, tenant d'une main des épis, et de l'autre un niveau.

La base qui supportera ces deux statues, sera ornée de têtes d'éléphans, symbole de la force.

A leurs pieds sera enchaîné le monstre du despotisme, armé d'un poignard brisé, et s'efforçant de ressaisir des rouleaux épars, intitulés : Capitulaires, Décrétales, Maximes du droit royal, Pamphlets de Burcke. Un des personnages des groupes, un homme de lettres, allumera un flambeau au feu sacré qui doit brûler sur des trépieds devant la statue de la Souveraineté ; et arrachant des mains du despotisme les écrits des vils fauteurs de la tyrannie, livrera ces rouleaux aux flammes.

L'objet de la Fête de la Souveraineté du Peuple tient à des idées politiques et métaphysiques ; il est important de les rendre sensibles. On avait employé dans cette vue, l'année dernière, l'image du faisceau, que la réunion de ses traits rend indestructible : cet emblème peut être reproduit avec succès ; mais il faut peut-être y ajouter des explications plus précises. Par exemple, il sera utile et instructif de tracer sur les bannières ou sur les murs des temples, ces distinctions élémentaires, prises du Contrat social : Le corps politique, cette personne publique qui se forme par l'union des autres, prenait autrefois le nom de Cité, et prend maintenant celui de République ou de Corps politique, lequel est appelé par ses membres, Etat quand il est passif, Souverain quand il est actif, Puissance en le comparant à ses semblables. A l'égard des associés, ils prennent collectivement le nom de peuple, et s'appellent en particulier citoyens, comme participant à l'autorité souveraine, et sujets, comme soumis aux lois de l'Etat.

Ce passage rappelle que Rousseau fut le premier écrivain[*]

---

[*] Avant lui, Althusius, Hotman, Ulric, Huber, Buchanan et Locke en tracèrent la théorie.

qui proclama dans notre langue les principes de la souveraineté du peuple. Ces principes n'ont été développés et analysés que par les écrivains modernes ; les Grecs et les Romains leur rendirent hommage, mais sans les reconnaître formellement dans leurs écrits et dans leur législation. Cette théorie du pacte social, trouvée de nos jours, a fait naître le système représentatif, qui a manqué jusqu'à présent à toutes les tentatives des peuples pour se former en République. Grâces à cette théorie et à ce système, la liberté a été assise sur une base inébranlable, contre laquelle sont venus et viendront se briser les efforts des derniers tyrans coalisés.

Hommage soit donc rendu à l'auteur immortel du Contrat social!

Hommage soit aussi rendu aux Elus du Peuple qui ont défendu ou défendront sa souveraineté!

Citoyens Administrateurs, c'est par cette volonté souveraine à laquelle vous allez rendre hommage, que vous existez ; c'est elle qui brisa les chaînes de quatorze siècles d'oppression ; c'est elle qui fonda la liberté et l'égalité, ces deux pierres angulaires des Républiques ; c'est elle qui enfanta les triomphes de la France, et qui lui donna une Constitution.

Vous aurez donc soin de tenir, pendant le cours de toute la cérémonie, les faisceaux abaissés devant l'image de la souveraineté du peuple.

Vous prendrez toutes les dispositions convenables pour que les formules prescrites aux orateurs dans l'arrêté du Directoire, et sur-tout la proclamation relative aux élections, soient prononcées d'une manière distincte, entendues de tous les Citoyens, et écoutées religieusement.

Le but particulier que s'est proposé le Législateur en instituant cette Fête, est d'élever, d'enflammer l'âme et les esprits des citoyens, de les remplir du sentiment de leur propre dignité, de les disposer par ce moyen à ne faire que des choix qui les honorent eux-mêmes, à fonder ainsi pour jamais la gloire et le bonheur de la République.

En effet, Citoyens, ouvrez les annales des peuples, vous vous convaincrez de cette vérité, que c'est à la sagesse et à la pureté des suffrages qu'est attaché le destin des Républiques. Rome, Athènes, Carthage s'élevèrent lorsque la vertu et les talens étaient les seuls titres aux emplois ; elles périrent lorsque la corruption générale s'étendit aux élections.

C'est ainsi que le Gouvernement perfide et machiavélique, qui trompe, embrase et déchire l'Europe, le Cabinet de Saint-James, n'a attenté à la liberté des autres peuples qu'après avoir détruit le fantôme de la liberté anglaise, en achevant de ruiner le système déjà vicié des élections mal réparties, dont l'époque dépend des caprices ou des calculs de son roi, dont le tarif est dans les mains de ses ministres, et dont le trafic se fait publiquement dans ses tavernes.

Mais c'est en vain qu'il voudrait, par ses intrigues, verser en France, avec son or, les poisons qu'il a fait naître dans son île, la corruption, la vénalité, le mépris des vertus et des lois, et toutes les calamités résultant de la subversion des principes qui doivent garantir le libre exercice de la souveraineté du peuple et la pureté de ses choix.

Les Français déconcerteront ses horribles calculs : cette importante victoire remportée dans l'intérieur, sera la suite, le gage et le prélude de celles que la République continuera de remporter au-dehors. Les élections de l'an 7 justifieront ainsi ce passage si remarquable de la proclamation du Directoire, par lequel je finis ma lettre :

La meilleure manière de forcer les ennemis à la paix, c'est de faire de bons choix.

Ce seul texte, bien senti, développe suffisamment toutes les réflexions que doit faire naître la Fête du 30 ventôse : je le livre à vos méditations. J'espère que toutes les Administrations seront attentives à l'objet de ma lettre, et que j'en recueillerai les preuves dans les récits qui me seront adressés par les départemens, de la manière dont la souveraineté du peuple aura été célébrée dans toutes les communes de leurs arrondissemens respectifs.

Je sais bien que chaque commune ne peut se conformer littéralement à tous les détails que je viens de prescrire, pour remplir les vues du Directoire exécutif; mais il n'en est aucune où l'on ne doive célébrer cette Fête du mieux qu'il sera possible, et se préparer par elle aux assemblées qui doivent avoir lieu le lendemain 1.er germinal. Les élections sont la grande affaire de tous les Français : le Législateur a voulu les y disposer par une cérémonie religieuse. N'oublions rien pour la rendre touchante, et pour mettre le peuple à portée de recueillir les fruits d'une institution vraiment républicaine.

Salut et Fraternité.

FRANÇOIS (de Neufchâteau).

Extrait des Registres de l'Administration centrale du département de la Haute-Garonne.

Du 12 Ventôse, an 7 de la République française, une et indivisible.

Vu la loi du 13 pluviôse an 6, qui ordonne la célébration annuelle d'une fête de la Souveraineté du peuple;
L'arrêté du Directoire exécutif du 23 pluviôse dernier; la proclamation sur les élections de l'an 7.e du même jour;
La lettre du ministre de l'intérieur du 30 même mois:

Oui le commissaire du Directoire exécutif;

L'Administration centrale du département de la Haute-Garonne ARRÊTE:

1.º Que l'arrêté du Directoire exécutif du 23 pluviôse dernier et la lettre du ministre de l'intérieur du 30 du même mois, seront réimprimés, publiés et affichés dans toutes les communes de l'arrondissement.

2.º Les Administrations municipales se conformeront, dans l'ordonnance de cette fête, dans les communes de leur arrondissement, aux dispositions de l'arrêté du Directoire exécutif précité, ainsi qu'à la lettre du ministre de l'intérieur, autant que les localités le leur permettront.

3.º Les artistes et savans sont invités de coopérer, par tous les moyens qui sont en leur pouvoir, à donner à cette fête tout l'éclat et la majesté qui doivent la caractériser.

4.º Chaque administrateur municipal demeure chargé de dresser procès-verbal de la célébration de cette fête, et de le transmettre au commissaire du Directoire exécutif près les Administrations municipales de canton dans les cinq premiers jours de germinal.

5.º Dans les cinq jours suivans, les commissaires du Directoire exécutif transmettront à l'Administration centrale les procès-verbaux qui lui auront été adressés, et il aura soin de dénoncer les administrateurs en retard à ce sujet.

6.º Le présent, ainsi que l'arrêté du Directoire exécutif et la lettre du ministre de l'intérieur, seront lus au peuple assemblé le premier décadi après sa réception.

DÉLIBÉRÉ à Toulouse, les jour, mois et an que dessus.

LEYGUE, *président*; CAMPARAN, LACROIX, *administrateurs*.

DAST, *commissaire du Directoire exécutif.*
BEGUILLET, *secrétaire général.*

A TOULOUSE, de l'Imprimerie de Veuve DOULADOURE.

www.ingramcontent.com/pod-product-compliance
Lightning Source LLC
Chambersburg PA
CBHW071420060426
42450CB00009BA/1961